ДЕРЕК ПРИНС

ЧТО ТАКОЕ ПОСТ

КАК ПРАВИЛЬНО ПОСТИТЬСЯ

2013

FASTING
Derek Prince
All rights reserved © 1986
by Derek Prince Ministries—International
ISBN: 0-88368-258-3

HOW TO FAST SUCCESSFULLY
Derek Prince
All rights reserved © 1976
by Derek Prince Ministries—International
ISBN 0-934920-19-2

Derek Prince Ministries — International
P.O.Box 19501
Charlotte, NC 28219-9501
USA

ЧТО ТАКОЕ ПОСТ
КАК ПРАВИЛЬНО ПОСТИТЬСЯ
Дерек Принс

Переведено и издано
Служением Дерека Принса на русском языке
Translation and publication by Derek Prince
Ministries — Russia

Вы можете написать нам по адресу:

Служение Дерека Принса
а/я 72
Санкт-Петербург
191123
Россия

Служение Дерека Принса
а/я 3
Москва
107113
Россия

ISBN: 978-1-78263-064-7

Вы можете обратиться к нам через интернет: info@derekprince.ru

или посетить нашу страницу:
www.derekprince.ru

DEREK
PRINCE
MINISTRIES
RUSSIAN WORLDWIDE

ЧТО ТАКОЕ ПОСТ

1. ОСНОВНАЯ ЦЕЛЬ ПОСТА

Пост — это духовный ключ, свидетельства о котором мы постоянно встречаем на страницах Библии. Однако каким-то образом он был оставлен без внимания и практически утерян. Поэтому очень немногие современные христиане смогли бы догадаться, даже с нескольких попыток, о каком духовном ключе идет речь. Итак, темой нашего исследования будет пост.

Прежде всего, позвольте предложить вам простое определение. *Пост — это добровольное воздержание от пищи ради духовных целей.* Иногда люди практикуют сухой пост, но это скорее исключение — как правило, постясь, принимают жидкости и воздерживаются от пищи.

Пример поста был дан самим Господом Иисусом. Его пост происходил в пустыне и предварял начало Его открытого служения людям. Евангелие от Матфея 4:2: "*И, постившись сорок дней и сорок ночей, напоследок взалкал (дословно: «почувствовал сильный голод»)*". Из этих слов я ясно понимаю, что Он не отказывался от воды на протяжении этих сорока дней и ночей, потому что любой из вас, кто хоть немного постился без воды, знает, что жажда приходит намного быстрее и сильнее, чем голод. Поскольку сказано не о том, что Он стал жаждать, но только что Он ощутил сильный голод — сам этот свидетельствует о том, что Иисус отказался от пищи, но не от воды.

Для многих современных христиан пост кажется чем-то необычным и даже пугающим. И это очень странно, поскольку в Библии пост регулярно практиковался Божьим народом. К тому же пост принят большинством других мировых религий. Постятся, например, индусы, буддисты, мусульмане, и т.д.

Для начала мы рассмотрим целый ряд мест Писания, которые говорят о посте. Я постараюсь объяснить основные духовные задачи поста. Самой первой целью поста является *смирение себя*. Пост является духовным средством, которое было предназначено Богом для нашего смирения перед Ним. На протяжении всей Библии Бог призывает Свой народ смирить себя перед Ним. Есть много разных мест Писания, которые подчеркивают это.

Давайте обратимся к четырем отрывкам из Нового Завета. Вот слова Иисуса, записанные в Евангелии от Матфея 18:4 (Версия Института перевода Библии): "*Потому, кто смирит себя и станет таким, как это дитя, — тот и больший в Царстве Небесном*". Евангелие от Матфея 23:12 (Перевод епископа Кассиана): "*Ибо, кто вознесет себя, тот смирён будет, а кто смирит себя, тот вознесён будет*". А вот, что написано о смирении в Послании Иакова 4:10: "*Смиритесь пред Господом, и вознесет вас*". Первое послание Петра 5:6 призывает нас: "*Итак смиритесь под крепкую руку Божию, да вознесет вас в свое время...*"

Одна важная мысль содержится во всех этих местах Писания: *ответственность смирить нас возложена на нас самих*. Мы не может переложить ее на Бога. Можно сказать, что молитва: «Смири меня, Боже» практически противоречит Писанию, потому что в ответ Бог постоянно говорит в Писании: «Смири себя сам». Если необходимо, то по Своей великой милости, Он может создать условия для нашего смирения, но все-таки именно мы должны смирить себя перед Ним.

Далее, Бог не просто призывает нас смирить себя, но и открывает в Своем Слове конкретный практический способ, как мы можем смирить себя перед Ним. В связи с этим позвольте привести свидетельство царя Давида. Он говорит в Псалме 34:13: "*изнурял* (в оригинале буквально: «смирял») *постом душу мою...*" Таким образом, Давид применял пост как средство смирение своей души, смирения себя.

Теперь давайте посмотрим на некоторые исторические примеры, когда Божьи люди смиряли себя таким же образом. Во-первых, давайте обратимся к Книге Ездры, к описанию того, как Ездра вел большую группу иудеев, возвращающихся из вавилонского плена в Иерусалим. Им предстояло долгое и изнурительное путешествие через враждебные земли, на дорогах которых орудовали банды разбойников. А они взяли с собой женщин и детей, а также драгоценные священные сосуды храма. Они отчаянно нуждались в безопасном прикрытии. Перед Ездрой был выбор: обратится к императору Персии с просьбой об отряде воинов и всадников, или положиться на Бога. Он избрал довериться Богу и вот, что он сказал, Книга Ездры 8:21-23: "*И* провозгласил я там пост у реки Агавы, чтобы смириться нам пред лицем Бога нашего, просить у Него благополучного пути для себя и для детей наших и для всего имущества нашего, так как мне стыдно было просить у царя войска и всадников для охранения нашего от врага на пути; ибо мы, говоря с царем, сказали: рука Бога нашего для всех прибегающих к Нему есть благодеющая, а на всех оставляющих Его – могущество Его и гнев Его! Итак мы постились и просили Бога нашего о сем; и Он услышал нас".

Перед Ездрой был реальный выбор: плотской (естественный) вариант и духовный (сверхъестественный) вариант. Он мог прибегнуть к плотскому варианту и попросить у царя отряд воинов. В этом бы не было ничего греховного, но это был бы низкий уровень веры. Однако Ездра избрал духовное решение: он решил взирать на Бога и призвать Божью сверхъестественную помощь и защиту, и он знал, как это сделать. Израильтяне, которые были с ним, тоже знали, как это следует делать. Они начали поститься и смирять свои души перед Богом. Они обратились со своим прошением к Богу, и Бог услышал их и даровал им в пути охрану, о которой они просили.

За следующим примером мы обратимся к тому времени, когда над Иудеей царствовал Иосафат. Вторая книга Паралипоменон 20:2-4: "И пришли, и донесли Иосафату, говоря: идет на тебя множество великое из-за моря, от Сирии, и вот они в Хацацон-Фамаре, то есть в Енгедди. И убоялся Иосафат, и обратил лице свое взыскать Господа, и объявил пост по всей Иудее. И собрались Иудеи просить помощи у Господа; из всех городов Иудиных пришли они умолять Господа (букв. «искать Господа»)".

Итак, Иосафат объявил пост и молился к Богу, взывая о Его помощи. Давайте посмотрим на заключительные слова его молитвы, которые являются очень важными. Стих 12: "Боже наш! Ты суди их. Ибо нет в нас силы против множества сего великого, пришедшего на нас, и мы не знаем, что делать; но к Тебе очи наши!" Ключевая фраза: "нет в нас силы... мы не знаем, что делать". Итак, они должны были обратиться к Богу за сверхъестественной помощью, и они знали способ, как обратится – через пост. Они отказались от естественного, чтобы призвать сверхъестественное.

За следующим наглядным примером практики поста в Ветхом Завете, давайте обратимся к предписаниям празднования Дня Искупления, который евреи называют Йом-Киппур. Эти предписания находятся в книге Левит 16:29-31: "И да будет сие для вас вечным постановлением: в седьмой месяц, в десятый день месяца смиряйте души ваши и никакого дела не делайте, ни туземец, ни пришлец, поселившийся между вами..." – где наш перевод говорит "смиряйте души ваши", в других переводах сказано: "вы должны отвергать себя" и "вы должны поститься" – "... ибо в сей день очищают вас, чтобы сделать вас чистыми от всех грехов ваших, чтобы вы были чисты пред лицем Господним. Это суббота покоя для вас, смиряйте души *ваши: это постановление вечное*".

Мы знаем из истории, что около трех с половиной тысяч лет еврейский народ постоянно соблюдал День Искупления как день поста. Новый Завет своим авторитетом подтверждает это. Вот как описано путешествие Павла через море в Рим в книге Деяния 27:9: "*Но как прошло довольно времени, и плавание было уже опасно, потому что и пост уже прошел, то Павел советовал…*" «Пост» (с большой буквы «П»), о котором здесь говорится, это День Искупления, празднование которого всегда выпадает на конец сентября или на начало октября, именно тогда, когда совершается переход к зиме. Таким образом, мы видим на основании авторитета Нового Завета, что День Искупления всегда праздновался как «Пост». Итак, как мы ясно видим из этого примера: Бог предписал Своему народу смирять свои души перед Ним, и они достигали этого при помощи коллективного поста. Таким было определение по празднованию Дня Искупления – самого священного дня в еврейском календаре.

Мне бы хотелось обратить ваше внимание на два факта. Пост, в данном случае, был реакцией со стороны людей на предлагаемое Богом прощение и очищение. Он предписал такой порядок празднования, при котором первосвященник входил в Святое Святых храма и совершал искупление. Но это искупление действовало только для тех, кто смирял себя – приготовлял себя через пост. Другими словами, Бог делал Свою часть, а человек должен был сделать свою. Именно так мы поддерживаем наши взаимоотношения с Богом во многих сферах духовной жизни. Бог выполняет Свою часть, но Он ожидает ответного движения с нашей стороны. И очень часто ответным шагом, который Бог ожидает с нашей стороны, является пост. В Ветхом Завете Бог предписал это всему Своему народу. Всякий, кто не постился в День Искупления, был исключаем из числа Божьего народа и уже не являлся его членом.

Итак, мы видим, что Бог придавал огромное значение посту, как назначенному способу смирения самих себя перед Ним. И таким образом Его народ приобретал право на Его благословение, которое Он желал дать им.

2. ОБРАЗЕЦ НОВОГО ЗАВЕТА

Как уже было сказано, пост является утерянным ключом, свидетельства о котором мы все время встречаем на страницах Библии. Тем не менее, каким-то образом он был оставлен без внимания и утерян христианами. Мы начали с простого определения: *пост – это добровольный отказ от пищи для духовных целей*. Как правило, это отказ от пищи, но в особых случаях это отказ и от воды.

Согласно Библии, самой первой задачей поста является смирение себя самого. Пост – это духовный способ смирения. Мы говорили о том, что в Библии Бог постоянно призывает Свой народ к смирению перед Ним, и показывает нам простой и практичный способ к достижению этого – через пост.

Мы рассмотрели несколько исторических примеров из Ветхого Завета. Это примеры царя Давида, книжника Ездры и возвращающихся из вавилонского плена; пример царя Иосафата и народа Иудеи. Затем мы упомянули о Дне Искупления, который является самым священным праздником в религиозном иудейском календаре, когда каждому верующему еврею предписано поститься.

Полагаю, что сутью поста является отказ от естественного, для принятия сверхъестественного. Можно сказать, что самым естественным для человека является прием пищи. Когда мы отказываемся принимать пищу, то мы сознательно отворачиваемся от естественного и обращаемся к Богу и к сверхъестественному. И это имеет глубокое значение.

В этой части мы рассмотрим то, какое место занимал пост в жизни и служении Господа Иисуса и церкви Нового Завета. Прежде всего, мне бы хотелось еще раз подчеркнуть тот факт, что сам Господь Иисус практиковал пост. Евангелие от Луки 4:1-2: "*Иисус, исполненный Духа Святого, возвратился от Иордана и поведен был Духом в пустыню. Там сорок дней Он был искушаем от диавола и ничего не ел в эти дни* (другими словами, Он постился)*; а по прошествии их напоследок взалкал*".

Как уже было сказано, эти слова указывают на то, что Он ничего не ел, но, по всей вероятности, принимал воду. Прежде чем Иисус вышел на открытое служение, Ему предстояло пройти через два важных переживания. Во-первых, на Него сошел Святой Дух, и Он был наделён сверхъестественной силой Святого Духа для Своего служения. Однако Иисус начал Свое служение не тотчас после этого первого события. Вторым духовным переживанием были сорок дней поста в пустыне, когда Он отказался от пищи и, можно сказать, сфокусировался на духовном. И в это время у Него произошло личное, прямое противостояние с сатаной. Через пост Он вышел с победой из этого противостояния с сатаной. Для меня все это говорит о том, насколько важным является пост в нашей жизни, если мы желаем побеждать сатану. Если Иисус должен был практиковать пост для победы, то я не понимаю, как кто-то из нас может говорить о достижении победы, не делая того, что делал Иисус.

Теперь мне бы хотелось обратить ваше внимание на результаты поста в жизни Иисуса. Об этом сказано в Евангелии от Луки 4:14: "*И возвратился Иисус в силе духа* («Духа» с большой буквы – *примеч. автора) в Галилею; и разнеслась молва о Нем по всей окрестной стране*".

Здесь есть очень примечательное отличие между двумя фразами. Когда Иисус уходил в пустыню, то сказано, что Он был "*наполнен Святым Духом*". Однако когда Он вернулся из пустыни через сорок дней поста, то сказано, что Он вышел оттуда "*в силе Духа*". Другими словами, быть наполненным Духом – это одно, а быть в силе Духа – это нечто другое. Дух был на Нем со времени Его крещения, но Его пост высвободил силу Святого Духа, чтобы она могла беспрепятственно течь через Его жизнь и служение. И я верю, что это опять-таки является образцом для нас.

Позвольте мне напомнить вам те слова, которые сам Иисус сказал позднее. Евангелие от Иоанна 14:12: "*Истинно, истинно говорю вам: верующий в Меня, дела, которые творю Я, и он сотворит, и больше сих сотворит; потому что Я к Отцу Моему иду*". Хочу обратить ваше внимание, что первым делом, с которого начались все дела, которые Иисус сотворил, был пост. Поэтому, логично, что если мы желаем последовать во все остальные дела, которые Он сотворил, то мы должны начать с того, с чего начал Иисус – с поста.

Иисус учил о посте Своих последователей. В Нагорной проповеди – прямо посреди нее – Он сказал Своим ученикам следующее (Матфея 6:17-18): "*А ты, когда постишься, помажь голову твою и умой лице твое, чтобы явиться постящимся не пред людьми, но пред Отцем твоим, Который втайне; и Отец твой, видящий тайное, воздаст тебе явно*".

Как видите, Иисус обещает воздаяние тем, кто практикует пост правильно и с правильными мотивами. Мне бы хотелось обратить ваше внимание на одно маленькое, но важное слово. Иисус сказал: "*когда ты постишься*". Он не сказал: "*если ты постишься*". Если бы Он сказал "*если*", то Он оставил бы открытой возможность не практиковать пост. Но сказав: "*когда ты постишься*", тем самым Он явно дал понять, что ожидает от Своих учеников того, что они будут практиковать пост.

Темой шестой главы Евангелия от Матфея являются три главные обязанности христиан: давать бедным, молиться и поститься. И говоря о каждом из перечисленных пунктов, Иисус использовал то же самое слово "*когда*". Он не говорил "*если*". В Евангелии от Матфея 6:2 Он говорит: "*когда творишь милостыню...* (буквально: "*даешь нуждающимся*"), Он говорит в Евангелии от Матфея 6:5: "*когда молишься...*", и в 6:17: "*когда постишься...*" Таким образом, Иисус не оставил открытым вопрос: следует ли нам делать это. Даяния, молитву и пост Он поместил по важности на один уровень. Большинство христиан без особых затруднений примут то, что нашей обязанностью является даяния нуждающимся и молитва. Но на основании Нагорной проповеди мы видим, что такой же самой обязанностью является и пост. Иисус перечисляет все три рода деятельности, как имеющие одинаковую степень важности, как неотъемлемую часть духовной жизни Его последователей.

Из Библии мы видим, что не только сам Иисус практиковал пост, но и церковь Нового Завета. Мы читаем о церкви в Антиохии в Книге Деяний 13:1-4: "*В Антиохии, в тамошней церкви были некоторые пророки и учители: Варнава, и Симеон, называемый Нигер, и Луций Киринеянин, и Манаил, совоспитанник Ирода четвертовластника, и Савл. Когда они служили Господу и постились, Дух Святый сказал: отделите Мне Варнаву и Савла на дело, к которому Я призвал их. Тогда они, совершив пост и молитву и возложив на них руки, отпустили их. Сии, быв посланы Духом Святым, пришли в Селевкию, а оттуда отплыли в Кипр..."*

Заметьте, лидеры церкви были вместе, служили Господу и вместе постились. Во время своего поста, они получили откровение от Господа, от Святого Духа, что двое из них призваны к особому апостольскому служению и должны быть высланы для его совершения. Приняв это откровение, они не сразу послали их, но сказано, что они снова совершили пост и молитву и возложили на них руки. Затем говорится, что эти двое мужчин *"были посланы Святым Духом"*. Итак, мы снова видим, что пост переводит нас из естественного в сверхъестественное. Когда постясь они вошли в сверхъестественную реальность, они получили сверхъестественное откровение и получили сверхъестественные полномочия, и сам Святой Дух принял ответственность за то, что они сделали (сказано о том, что та *группа людей* постилась, возлагала руки по откровению и отсылала, но в то же время говорится, Дух Святой послал Павла и Варнаву – *примеч. ред.*). Они вошли в то, что им было открыто, через совместный пост.

Далее мы читаем, что делали сами Павел и Варнава, после того, как завершали свое служение. Они создавали полноценные церкви из числа новообращенных в разных городах, и вот как это описано в Деяниях 14:23: *"Рукоположив же им пресвитеров к каждой церкви, они помолились с постом и предали их Господу, в Которого уверовали".* (*"И когда они утвердили старейшин для них в каждой церкви, молившись и постившись, они вверили их Господу, в Которого те уверовали"* − дословный перевод Библии короля Иакова.)

Мы видим, что пост не был одиночным, одноразовым, редким явлением, но апостолы регулярно практиковали его и учили этому своих новых учеников. Фактически, высылка апостолов и утверждение новых церквей через назначение старейшин − это было двумя самыми важными действиями в жизни Ранней Церкви и основанием для распространения и утверждения Евангелия. Мне представляется чрезвычайно важным тот факт, что Ранняя Церковь не предпринимала этих действий без поста и поиска Божьего сверхъестественного водительства и Его сверхъестественного содействия. Поэтому мы можем сказать, что, в определенном смысле, возрастающее и расширяющееся служение Ранней Церкви вращалось вокруг коллективного поста в поместных церквях.

В заключение, давайте прочтем свидетельство Павла о его жизни и служении, помня, что Павел был одним из двух служителей, которые были главными участниками тех событий (2 Коринфянам 6:4-6): *"но во всем являем себя, как служители Божии, в великом терпении, в бедствиях, в нуждах, в тесных обстоятельствах, под ударами, в темницах, в изгнаниях, в трудах, в бдениях, в постах, в чистоте, в благоразумии, в великодушии, в благости, в Духе Святом, в нелицемерной любви..."*

Павел описывает здесь различные стороны своего характера и поведения, которые отмечают его и его сотрудников как истинных служителей Божьих. Среди прочего, что характеризовало его, он упоминает бдения (это бодрствование тогда, когда можно спать) и пост (воздержание от пищи тогда, когда можно кушать). И эти два — бодрствование и пост — находятся в очень хорошей компании. Они идут рука об руку с чистотой, благоразумием, великодушием, терпением, благостью, Святым Духом и нелицемерной любовью. Другими словами, они представлены здесь как часть полного снаряжения истинного служителя Господа Иисуса Христа. Верю, что Божья точка зрения не изменилась и сегодня. Полагаю, что Божьи стандарты остались такими же, какие они были для Павла и для Ранней Церкви. Он и сегодня готов помочь достигать их, как и тогда.

3. КАК ПОСТ ИЗМЕНЯЕТ НАС

Итак, мы говорили о том, что пост является утерянным ключом, свидетельства о котором мы постоянно встречаем на страницах Библии. Тем не менее, каким-то образом он был оставлен без внимания и утерян христианами. Мы начали с простого определения, что такое пост. Это добровольный отказ от пищи для духовных целей. Было сказано о том, что сам Бог определил для Своего народа пост как способ смирения себя перед Ним. Мы также говорили о том, как сам Иисус практиковал пост и учил Своих учеников тому же самому, и как церковь Нового Завета следовала примеру своего Учителя. Было указано на то, что когда Иисус учил о посте, Он не говорил "*если ты постишь-ся*", но "*когда ты постишься*". В Своем учении Он поставил пост на один уровень с даяниями нуждающимся и молитвой. В Нагорной проповеди Он учил: "*когда ты даешь*", "*когда ты молишься*" и "*когда ты постишься*".

В этой части мы будем иметь дело с «внутренним механизмом» поста. Мы посмотрим, какие изменения производит пост в нашем внутреннем человеке. Первая истина, которую нам необходимо максимально ясно увидеть в Писании, состоит в следующем: *христианская жизнь возможна только благодаря силе Святого Духа*. Нет другой силы, которая сделает нас способными жить такой жизнью, какую Бог предписывает нам, как христианам. Мы не сможем жить так своей собственной силой и волей. Это возможно только в зависимости от Святого Духа. Следовательно, ключ к успешной христианской жизни состоит в том, чтобы знать, как высвободить силу Святого Духа в нашу жизнь, чтобы в этой силе мы могли делать то, чего мы не можем делать в нашей собственной силе.

После Своего воскресения, перед тем как выслать Своих учеников на самостоятельное служение, Иисус недвусмысленно указал им на это (Деяний 1:8): "*но вы примете силу, когда сойдет на вас Дух Святый, и будете Мне свидетелями в Иерусалиме и во всей Иудее и Самарии и даже до края земли*". Другими словами, Он сказал следующее: «Для того чтобы сделать то, что Я вам поручаю сделать, вы будете нуждаться в той силе, которая больше вашей собственной. Эта сила придет от Святого Духа. Не идите и не начинайте служение до тех пор, пока сила Святого Духа не сойдет на вас».

Давайте сравним это со словами апостола Павла, которые он относит в первую очередь к эффективности молитвы (Ефесянам 3:20): "А Тому, Кто действующею в нас силою может сделать несравненно больше всего, чего мы просим, или о чем помышляем..." Павел говорит, что Бог может сделать намного больше того, о чем мы можем подумать или что мы можем вообразить. Но это зависит от Его силы, которая действует в нас. Объем того, что Бог может сделать через нас, не зависит от нашего мышления или воображения, но зависит от сверхъестественной силы, которая была высвобождена в нас и через нас – будь то в молитве, проповеди или какой иной форме служения. Поэтому ключом, как уже было сказано, является понимание того, как высвободить силу Святого Духа и стать каналами и инструментами, через которые беспрепятственно действует Святой Дух.

Как только мы увидели это, мы можем перейти к следующему ключевому факту Писания, который заключается в том, что *наша старая плотская природа противится Святому Духу.* Сама ее сущность, сам ее характер таков, что она противится Святому Духу. Она находится во вражде к Святому Духу. Эту плотскую природу, которую мы имели по нашему естеству до того, как были преобразованы новым рождением и благодатью Божьей, Новый Завет называет «плотью». Это подразумевает не просто наше физическое тело, но всю нашу природу, которую мы унаследовали в нашем физическом теле. Имеется в виду вся та падшая природа, которую мы унаследовали от нашего праотца Адама, который был бунтарем. Другими словами, где-то в каждом из нас прячется бунтарь, который является нашей плотской природой.

Вот что апостол Павел пишет о плотской природе в Послании Галатам 5:16-17: "*Я говорю: поступайте по духу (Духу, с большой «Д»), и вы не будете исполнять вожделений плоти (как видите, мы зависим от Святого Духа); ибо плоть желает противного духу (Духу, большая «Д»), а дух (Святой Дух) − противного плоти: они друг другу противятся, так что вы не то делаете, что хотели бы*".

Это предельно ясно и очень важно. Плотская природа находится в оппозиции к Святому Духу. Если мы уступаем нашей плотской природе, то мы оказываемся во вражде к Духу Божьему. Если мы хотим подчиниться Святому Духу, тогда мы должны разобраться с нашей плотской природой, потому что пока плотская природа контролирует нас и действует через нас, до тех пор, что бы мы ни делали, это обязательно будет вопреки Святому Духу.

Это относится не только к нашим естественным желаниям − хотя это включает и их − но и к тому, что Библия называет «плотским умом». Это тот способ мышления, который присущ нашей старой, невозрожденной натуре. Давайте прочитаем, что утверждает апостол Павел в Послании Римлянам 8:7: "*плотские помышления* («плотской разум») *суть вражда против Бога ...*" Следует обратить внимание на то, какие сильные слова использует Павел. Он говорит, что плоть находится во вражде к Святому Духу. Он говорит, что плотское мышление является враждой против Бога, наше естественное мышление вовсе не нейтрально. Нет ни малейшего намека, что плотской ум и плотская природа каким-то образом могут быть убеждены и склонены к исполнению воли Божьей — это невозможно. Плотской ум, уже по самой своей природе, находится во вражде к Богу.

Что понимать под плотским умом и плотским мышлением? Я понимаю это так: это наша старая, невозрожденная душа в ее основных функциях. Как правило, функции души определяют как: способность принимать решение (воля), способность мыслить (мышление) и способность проявлять чувства (эмоции). Каждая из этих функций может быть выражена одной короткой фразой. Воля говорит: «я буду». Ум говорит: «я думаю». Эмоции говорят: «я чувствую».

Естественный, невозрожденный человек управляется и контролируется этими тремя проявлениями своего эго: «я хочу», «я думаю», и «я чувствую». Вот так действует наша плоть, наша плотская природа. Когда это все будет подчинено Святому Духу, только тогда мы придем в послушание Святому Духу, и Он будет свободно действовать через нас. Мы должны подчинить «я хочу», «я думаю» и «я чувствую» Духу Божьему. И это происходит, согласно Божьему Библейскому образцу, через пост.

Именно так делал сам Иисус; именно так делал Павел; именно это ожидается от вас и меня.

Мне бы хотелось прочесть свидетельство самого Павла, о том, как он сражался со своей плотской природой и как он побеждал ее. Павел описывает эту борьбу на примере спортсмена, который готовится одержать победу на соревнованиях (1 Коринфянам 9:25-27): "*Все подвижники воздерживаются от всего: те для получения венца тленного, а мы − нетленного. И потому я бегу не так, как на неверное, бьюсь не так, чтобы только бить воздух; но усмиряю и порабощаю тело мое, дабы, проповедуя другим, самому не остаться недостойным*".

Современный перевод: "*Каждый, кто соревнуется в состязаниях (буквально: «в играх», имеются в виду Олимпийские игры), проходит трудную подготовку («входит в жесткую тренировку»). Они получают недолговечный лавровый венок, мы же получаем венец неувядаемый. Вот и я бегу, как тот, у кого есть цель, и дерусь, как тот, кто всерьёз дерётся, а не просто по воздуху кулаками машет.* − Павел говорит: «я человек с целью, у меня есть задача; я человек находящийся под дисциплиной» − *Но я изнуряю своё тело нещадно и держу его в узде («я бью мое тело и делаю его моим рабом»), чтобы, проповедуя другим, самому не оказаться отвергнутым (буквально: «дисквалифицированным»)*".

Павел осознавал, что если он хочет преуспеть в своем призвании от Бога, то должен был привести свою плотскую природу, свой плотской разум в подчинение. Это оставляет всех нас с вопросом: *что в*

*каждом из нас является господином, а что
рабом?* Является ли наша плоть господином, а дух всего лишь слугой? Или дух
является господином, а тело рабом? Скажу вам следующее: *ваше тело будет прекрасным слугой, но ужасным господином.*

Я вспоминаю историю моего друга,
юриста из города Вашингтон, который
однажды услышал мою проповедь о посте
и решил, что надо это делать. Итак, он
назначил день и вступил в пост. Для него
это был ужасный день. Каждый раз, когда он выходил на улицу, на пути ему попадался ресторан, откуда вкусно пахло, или
кулинария, в витрине которой были выставлены разные сладости. Он переживал
невероятную внутреннюю борьбу. В конце этого дня — позднее он сам рассказал
мне об этом — он назначил своему желудку беседу, и вот что он сказал: «Послушай,
желудок, ты очень плохо вел себя сегодня. Ты бунтовал, ты делал массу необязательных проблем для меня, и по этой
причине я собираюсь наказать тебя — я буду
продолжать поститься и завтра».

Для меня это очень наглядный пример
выяснения и установления того, кто является господином, а кто слугой. Помните то, о чем я сказал: *ваше тело
прекрасный слуга, но ужасный господин.*
И если вы действительно собираетесь
преуспеть в христианской жизни, если вы
собираетесь завоевать венец на христианском поприще, то вы должны на практике установить тот факт, что не ваше тело
диктует вам, что не оно контролирует вас,
и что вы не контролируемы его капризами и аппетитами. Но что вы контролиру-

емы сознанием Божьей воли и предназначения для вашей жизни, и делаете все необходимое для того, чтобы привести свое тело в подчинение, чтобы оно не диктовало вам, чтобы оно не мешало вам и не затрудняло ваш бег по назначенной вам дистанции. И я верю, что одним из основных Библейских способов сделать это, является практика регулярного поста. Когда вы поститесь, это служит знаком для вашего тела и вашей плотской природы: «Не ты контролируешь меня. Я не подчиняюсь тебе. Ты мой слуга. Ты будешь подчиняться тому, что Дух Божий во мне говорит, что я должен делать».

4. ПОСТ МОЖЕТ ИЗМЕНИТЬ ИСТОРИЮ

Итак, мы говорили о том, какие перемены может произвести пост в нашем внутреннем человеке. Мы выяснили некоторые принципы, и увидели то, как работает пост. Во-первых, мы убедились, что *движущей силой христианской жизни является Святой Дух.* Он является единственной силой, которая делает нас способными вести такой образ жизни, какой мы должны вести как христиане. Во-вторых, мы должны осознать, что *наша плоть, наша плотская природа, противится Святому Духу* — они находятся в прямом противостоянии друг с другом. Если плоть берет верх, тогда Святой Дух не может делать то, что Ему угодно. В-третьих, *пост является Богом назначенным способом привести плотскую природу в подчинение и таким образом дать свободу действию*

Святого Духа в нас и через нас, делая нас способными делать то, чего Бог ждет от нас. Лично я верю, что невозможно обозначить пределы силе, высвобождаемой через молитву и пост, которые практикуются с правильными мотивами и в согласии с принципами Писания. Сила, высвобождаемая таким образом, может изменить не только отдельных людей или отдельные семьи, но целые города, народы и общества. В этой части я хочу поделиться с вами некоторыми примерами из Библии о том, как пост повлиял на судьбу городов, народов и империй.

Наш первый пример взят из Книги пророка Ионы. Вспомните о том, как Бог призвал Иону, израильского пророка, идти в языческий город Ниневию, столицу Ассирийской империи. Иона отказался идти туда и попытался убежать от Бога, но после того, как Бог очень серьезно поработал с ним, произошло следующее (Иона 3:1-4): *"И было слово Господне к Ионе вторично: "Встань, иди в Ниневию – город великий, и проповедуй в ней, что Я повелел тебе". И встал Иона и пошел в Ниневию, по слову Господню; Ниневия же была город великий у Бога, на три дня ходьбы. И начал Иона ходить по городу, сколько можно пройти в один день, и проповедывал, говоря: "еще сорок дней и Ниневия будет разрушена!"*

Очень простое послание. Последнее предупреждение перед надвигающимся на весь город судом. Реакция жителей Ниневии была очень интересной (Иона 3:5-10): *"И поверили Ниневитяне Богу: и объявили пост, и оделись во вретища, от боль-*

шого из них до малого (это внешнее выражение скорби и покаяния). *Это слово дошло до царя Ниневии, − и он встал с престола своего, и снял с себя царское облачение свое, и оделся во вретище, и сел на пепле...*" Это описание того как весь этот огромный город обратился к Богу в покаянии, посте и скорби.

Еще интереснее провозглашение, которое звучало на улицах города. "... *И повелел провозгласить и сказать в Ниневии от имени царя и вельмож его:* "*чтобы ни люди, ни скот, ни волы, ни овцы ничего не ели, не ходили на пастбище и воды не пили...*" Это был абсолютный пост − не только людского населения, но и всего поголовья скота − они не только не ели, но и не пили.

После этого было провозглашено следующее: "... *и чтобы покрыты были вретищем люди и скот* (опять-таки это внешний символ скорби) *и крепко вопияли к Богу, и чтобы каждый обратился от злого пути своего и от насилия рук своих*". Это важно. Пост не принесет плода, если мы хотим продолжать поступать неправильно. Но он неоценим, как духовная помощь в обращении от неправильного к правильному.

Итак, они не просто постились и покрывали себя вретищем, но при этом было провозглашено о том, чтобы всякий обратится от своих злых путей и насилия. Из других мест Писания мы узнаём, что особым грехом для Ниневии было насилие. Но, вернемся к провозглашению, которое заканчивалось такими словами: "*Кто знает, может быть, еще Бог умилосердит-*

ся и отвратит от нас пылающий гнев Свой, и мы не погибнем". И Божий комментарий звучит в стихе 10: "*И увидел Бог дела их, что они обратились от злого пути своего...*"

Вы помните, что проповедовал самый великий пророк Израиля, Иоанн Креститель, прямо перед тем, как пришел Иисус? Он проповедовал покаяние. И когда люди приходили к нему и просили крестить их, то он требовал от них дел, подтверждающих их покаяние. Они не могли говорить о своем покаянии, пока порок не видел этого из их дел. В случае с Ниневией Бог видел, что они делали и как они обратились от своих злых путей. Поэтому Он умилосердился над ними и не навел на них предсказанное истребление.

Очень интересно увидеть исторический результат. Ниневия была сбережена и, прежде чем была окончательно разрушена, просуществовала еще почти двести лет. Одновременно с этим Бог поднимал и для Израиля разных пророков: Амоса, Осию, Иону и т.д., которые приносили Израилю предупреждения о суде и призывали его к покаянию. Израиль был народом, который имел Писание, в основании их общества лежал закон Моисеев, они были знакомы со словами Божьих пророков. И хотя много пророков приходило к ним, но Израиль не обратился. Ниневия же не имела такого основания. Только однажды в нее вошел один пророк − и весь город обратился. Это на самом деле очень примечательно. Но интересны и последствия этого: Бог сберег Ниневию, но Он использовал ассирийцев, чьей столицей была

Ниневия, для того, чтобы осуществить Свой суд над Израилем.

Верю, что их пример является предупреждением для наших сегодняшних западных обществ, которые имеют глубокие христианские корни, многолетние христианские традиции, знание Библии, из поколения в поколение посещающие церкви. Может такое быть, что Бог говорит нам, но мы стали так же глухи, как народ Израиля? Может так статься, что Бог пошлет Своих посланников в те народы, которые не имеют глубокого христианского основания, они обратятся и Бог сможет использовать эти страны? Могут ли такие страны осуществить Божий суд над непокаявшимися «христианскими» странами? Насколько уместным является это слово для вас и меня?

За вторым примером изменения истории через пост, я хочу обратиться к Книге Есфирь. Там описано, как еврейский народ находился в изгнании в Персидской империи, которая в то время покрывала практически весь известный древний мир: от Египта до Индии, включая обширные провинции. Практически каждый еврей, живущий в то время, находился в пределах Персидской империи. И однажды случилось так, что человек, который получил доминирующее положение в Персидской империи, по имени Аман, убедил царя издать указ на уничтожение всех евреев во всех пределах империи в определенный день. Он, наверное, как никто другой, был близок к полному физическому истреблению еврейского народа — ближе, чем Адольф Гитлер во время Второй Мировой войны. Это был такой кризис, какой Израиль не встречал никогда на протяжении всей своей истории. И в ответ на этот кризис евреи обратились к Богу с постом и молитвой, и Он выступил на их стороне. Царица Есфирь, которая была еврейкой (но царь не знал ее национальной принадлежности) показала пример и установила образец для всех последующих поколений в силе молитвы и поста, приносящей сверхъестественное вмешательство, которое изменяет историю (Книга Есфирь 4:15-17): "*И сказала Есфирь в ответ Мардохею: пойди, собери всех Иудеев, находящихся в Сузах, и поститесь ради меня, и не ешьте и не пейте три дня, ни днем, ни ночью, и я с служанками моими буду также поститься и потом пойду к царю, хотя это против закона, и если погибнуть, погибну. И пошел Мардохей и сделал, как приказала ему Есфирь*".

Как видите, еврейский народ знал, что делать. Если вы помните, я говорил о том, что это было установлено навсегда в праздновании Дня Искупления. Они знали этот путь смирения себя перед Богом через пост. Таким образом, все евреи в столичном городе Сузах, начиная с самой царицы Есфирь, посвятили три дня молитве и посту. Каким был результат? В следующей главе мы читаем (Есфирь 5:1-3): "*На третий день (после молитвы и поста) Есфирь оделась по-царски, и стала она на внутреннем дворе царского дома, перед домом царя; царь же сидел тогда на царском престоле своем, в царском доме, прямо против входа в дом. Когда царь увидел царицу Есфирь, стоящую*

на дворе, она нашла милость в глазах его.
И простер царь к Есфири золотой скипетр,
который был в руке его, и подошла Есфирь
и коснулась конца скипетра. И сказал ей
царь: что тебе, царица Есфирь, и какая
просьба твоя? даже до полуцарства будет
дано тебе".

Затем Есфирь изложила свою просьбу,
и это изменило весь курс истории Персидской империи. Вместо поражения и позора
для евреев, пришел почет и возвышение
для них, как народа, и для их лидеров:
Мардохея и Есфири. Поворотным момен-
том истории был период трехдневного
поста, когда Есфирь и все евреи в престоль-
ном городе Сузах молились и искали Бога.
В тот момент их судьба была изменена. И
когда Есфирь вошла к царю, он сказал:
«Чего ты хочешь? Все дано будет тебе,
вплоть до половины царства». Другими
словами, ее молитва и пост открыли дверь
для всего, что может потребоваться для
спасения ее народа.

Я верю, что Есфирь являет прекрасный
образец нам с вами, живущим сегодня.
Верю, что Бог ищет мужчин и женщин,
подобных Есфири, которые осознают всю
критическую суть нашей ситуации, и вместе с другими верующими обратятся к Богу
в посте и молитве. Я верю, что наша молитва и пост способны вызвать Божье
вмешательство на стороне Его народа в
критической ситуации сегодняшнего мира,
точно так же, как это было в дни Есфири. Я искренне верю, что Бог в наши дни
настойчиво говорит к Своему народу о
необходимости молитвы и поста.

5. ПРЕЛЮДИЯ К «ПОЗДНЕМУ ДОЖДЮ»

В предыдущей части мы говорили с вами о безмерной силе, которая высвобождается через пост и молитву, которые осуществляются с правильными мотивами и в согласие с принципами Писания. Высвобожденная таким образом сила может изменить не только отдельных людей или семьи, но целые города и общества. Я привел этому два исторических Библейских примера: пост города Ниневии во времена пророка Ионы; и пост евреев в Персидской империи во времена Есфири. В каждом из этих случаев курс истории был полностью и решительно изменен, когда группа людей смиряла себя перед Богом в молитве и посте.

Тем не менее, мы не должны рассматривать такого рода исторические свидетельства проявления силы Божьей, как что-то относящиеся к делам давно минувших дней. Я верю, что мы и сегодня можем при помощи тех же самых средств молитвы и поста вызывать Божье вмешательство в ход истории, не менее мощно и драматично, чем это было тогда, когда писалась Библия. Верю, что для этого существует как крайняя необходимость, так и славная возможность. Я действительно верю, что Бог ожидает от нас того, что мы будем делать это.

Чтобы понять, чего Бог сегодня ожидает от нас, давайте обратимся к Книге пророка Иоиля. Там пророк дает нам короткий, но емкий обзор Божьих целей для Его народа в эти последние дни. Иоиль начинает с описания сцены полного разорения и бедствия. Давайте прочтём лишь несколько стихов из первой главы. Слушая эти слова, я думаю, вы согласитесь с тем, что трудно иметь более отчаянную и безнадежную ситуацию, чем та, которая описана в начале этой пророческой книги (Иоиля 1:8-12): *"Рыдай, как молодая жена, препоясавшись вретищем, о муже юности своей! Прекратилось хлебное приношение и возлияние в доме Господнем; плачут священники, служители Господни. Опустошено поле, сетует земля; ибо истреблен хлеб, высох виноградный сок, завяла маслина. Краснейте от стыда, земледельцы, рыдайте, виноградари, о пшенице и ячмене, потому что погибла жатва в поле; засохла виноградная лоза и смоковница завяла; гранатовое дерево, пальма и яблонь – все дерева в поле посохли; потому и веселье у сынов человеческих исчезло".*

Все, что вы видите, говорит о разорении, полном упадке и безнадежности, о сетовании и полном отсутствии радости. Такова реальность. Но затем, в нескольких следующих стихах, Бог открывает Свое средство, которое Он приготовил для изменения этой ситуации. Вот что Бог повелевает делать Своему народу (Иоиля 1:13-14): *"Препояшьтесь вретищем и плачьте, священники! рыдайте, служители алтаря! войдите, ночуйте во вретищах, служители Бога моего! ибо не стало в доме Бога вашего хлебного приношения и возлияния".*

Теперь, послушайте внимательно: *"Назначьте пост, объявите торжественное собрание, созовите старцев и всех жите-*

лей страны сей в дом Господа Бога вашего и взывайте к Господу". Каким является Божье средство, если сказать одной фразой? «Назначьте пост» и затем «ищите Бога в горячей молитве». «Назначьте» (в еврейском оригинале: «освятите» – *примеч. редактора*) означает отделите время для Бога на время поста.

Затем, Бог призывает к покаянию (Иоиля 2:12): *"Но и ныне еще говорит Господь: обратитесь ко Мне всем сердцем своим в посте, плаче и рыдании".* Опять-таки, основным требованием является пост.

Немного далее в той же самой главе (Иоиля 2:15-17): *"Вострубите трубою на Сионе* (это провозглашение для всего Божьего народа), *назначьте пост и объявите торжественное собрание. Соберите народ, созовите собрание, пригласите старцев, соберите отроков и грудных младенцев; пусть выйдет жених из чертога своего и невеста из своей горницы".* Весь народ безоговорочно посвящает себя поиску Богу. Все естественные повседневные занятия временно откладываются в сторону. *"Между притвором и жертвенником да плачут священники, служители Господни, и говорят: "пощади, Господи, народ Твой, не предай наследия Твоего на поругание, чтобы не издевались над ним народы! Для чего будут говорить между народами: где Бог их?"*

Теперь давайте посмотрим на обещанный Богом ответ на молитвы и пост Его народа (Иоиля 2:23-29): *"И вы, чада Сиона, радуйтесь и веселитесь о Господе Боге вашем; ибо Он даст вам дождь в меру и будет ниспосылать вам дождь, дождь ран-*

ний и поздний, как прежде. И наполнятся гумна хлебом, и переполнятся подточилия виноградным соком и елеем. И воздам вам за те годы, которые пожирали саранча, черви, жуки и гусеница — великое войско Мое, которое послал Я на вас. И до сытости будете есть и насыщаться и славить имя Господа Бога вашего, Который дивное соделал с вами, и не посрамится народ Мой во веки. И узнаете, что Я посреди Израиля, и Я — Господь Бог ваш, и нет другого, и Мой народ не посрамится во веки. И будет после того, излию от Духа Моего на всякую плоть, и будут пророчествовать сыны ваши и дочери ваши; старцам вашим будут сниться сны, и юноши ваши будут видеть видения. И также на рабов и на рабынь в те дни излию от Духа Моего".

Мы видим, что в ответ на молитву и пост Своего народа, Бог говорит: «Я приду вам на помощь. Я полностью изменю ситуацию. Я удалю голод и болезненную слабость. Я восполню все ваши нужды. У вас будет изобилие. У вас будет избыток. На вас больше не будут укорять среди народов. Но вы сможете поднять свои головы, и люди скажут: «Посмотрите, что Бог сделал для них». В частности, Бог обещает, что на Свой отчаянно нуждающийся народ Он пошлёт дождь, *ранний* и *поздний* дождь. И после этого Он говорит: «Я изолью Мой Дух на все человечество», прообразом чего является дождь.

Теперь мне бы хотелось обратиться к Новому Завету и прочитать слова апостола Петра, обращенные к толпе, которая собралась в День Пятидесятницы, после того, как сошёл Святой Дух (Деяния 2:16-18): *"...но это есть предреченное пророком Иоилем* (Петр связывает это с пророчеством Иоиля): "*И будет в последние дни, говорит Бог, излию от Духа Моего на всякую плоть, и будут пророчествовать сыны ваши и дочери ваши, и юноши ваши будут видеть видения, и старцы ваши сновидениями вразумляемы будут; и на рабов Моих и на рабынь Моих в те дни излию от Духа Моего, и будут пророчествовать..."*

Бог приготовил в эти последние дни повсеместное излияние Своего Святого Духа на Свой народ, Церковь. Это Божий ответ на отчаянные нужды и давления этого времени: всем сатанинским, нечестивым силам, которые с разных сторон теснят Божий народ; голоду и болезненной слабости в Церкви Божьей. Бог не собирается покидать Свой народ в безнадежности или на милость всех этих давлений и сил. Бог имеет нечто в запасе. Он пообещал, что изольёт Свой Дух, что Он придет на помощь Своему народу на том сверхъестественному уровне, о котором мы говорим. Но Он говорит: «Условие этому такое, что вы должны искать Меня в молитве и посте, соединившись вместе, коллективно».

Обратите внимание на это обетование (Иоиля 2:28): "*И будет после того, излию от Духа Моего на всякую плоть...*" После того — это после чего? После того, как мы примем Божьи условия, о которых сказано трижды: «назначьте пост, созовите торжественное собрание, ищите Меня, соединитесь в молитве и посте, и Я окажусь верен Моему посвящению вам». Бог говорит: «Я приду к вам в силе и полноте Святого Духа. Я полностью изменю ситуацию. Вместо пребывания в страхе и поражении, вы станете сильными и эффективными. Вместо высмеивания вас, мир отступит в благоговении и удивлении, когда увидит, как Бог приходит на помощь Своему народу».

В призвании Божьего народа к молитве и посту, Божье слово, данное через Иоиля, возлагает особую ответственность на духовных лидеров Божьего народа. Здесь неоднократно делается ударение на трех категориях людей. Это священники, служитель и старейшины (в Синодальном переводе «старцы»). Например (Иоиля 1:13): *"Препояшьтесь вретищем и плачьте, священники! рыдайте, служители алтаря! войдите, ночуйте во вретищах, служители Бога моего!..."* (1:14): *"Назначьте пост, объявите торжественное собрание, созовите старцев («старейшин»)..."* Здесь ударение сделано на священниках, служителях и старейшинах. Далее (2:16-17): *"Соберите народ, созовите собрание, пригласите старцев... Между притвором и жертвенником да плачут священники, служители Господни..."* Существует крайняя нужда в мужах Божьих, в лидерстве, чтобы вернуть Божий народ к этой практике совместной коллективной молитвы и поста для поиска Божьего вмешательства ради Своего народа.

Я верю, что это слово актуально для времени, в котором мы живем. Я верю, что нам необходимо снова увидеть истину известного стиха из Второй книги Паралипоменон 7:14: *"...(если) смирится на-*

род Мой, который именуется именем Моим, и будут молиться, и взыщут лица Моего, и обратятся от худых путей своих: то Я услышу с неба и прощу грехи их и исцелю землю их". Верю, что это слово для нас, живущих в эти дни. Бог говорит нам, что Он готов действовать на уровне целых стран и народов. Он собирается явить Свою силу не просто на уровне отдельных людей или семей, но на уровне городов, регионов и целых стран. Вот о каком уровне сверхъестественного вмешательства Он говорит здесь. Но Он обязывает Свой народ выполнить Его условия. Самое первое условие гласит так: *"если Мой народ смирит себя"*. Во время нашего изучения данной темы мы увидели, что это подразумевает совместный пост и молитву. Это предписанный Библией способ, при помощи которого Божий народ смиряет себя перед Ним, начиная со Дня Искупления. И я верю, что Божьи повеления не изменились. Он ожидает лидеров, которые поведут Божий народ в совместную молитву и пост.

КАК ПРАВИЛЬНО ПОСТИТЬСЯ

Давайте вместе с вами рассмотрим вопрос: «Как правильно поститься» — не духовное учение, а некоторые практические стороны поста. Многие люди спрашивают: «Как мне поститься? Сколько поститься? Как выходить из поста?» Итак, цель нашего исследования — ответить на эти вопросы и прояснить некоторые моменты, касающиеся поста.

Хорошо бы для начала еще раз дать определение посту. Итак, *пост — это воздержание от пищи ради духовных целей*. Хотя Библия свидетельствует о случаях, когда люди постились по сорок дней не только без пищи, но и без воды — как правило, постящиеся воздерживаются от пищи, и не отказываются от приема жидкости. Итак, в нашем изучении мы будем рассматривать пост как воздержание от пищи для духовных целей.

Вопрос о том, как следует поститься, задают даже многие из тех, кто долгие годы был христианином и членом церкви, но, видимо, никто не учил этих людей поститься, несмотря на то, что Библия уделяет посту большое внимание. Поскольку большинство посетителей церквей знает кое-что о молитве, думаю, нам следует начать, рассмотрев параллель между постом и молитвой.

В Нагорной проповеди (6 глава Евангелия от Матфея) Иисус использует похожий язык, говоря сначала о молитве, а затем о посте. Единственное отличие в том, что в Свое учение о молитве, Он включает образец молитвы, который мы называем молитвой «Отче наш». Но, в своей сути пост и молитвой очень похожи, и я приведу вам два сходства.

Большинству из нас известно, что молитва может быть как личной (одного человека), так и общей (группы людей). Общую молитву чаще всего связывают с молитвенным собранием. Личная молитва — это когда мы молимся сами. То же самое касается и поста: есть личный пост (одного человека) и общий пост (группы людей).

Мы также знакомы с двумя видами молитвы: 1) обычная молитва каждый день в установленное время, и 2) когда Святой Дух ведет нас уделить особое время молитве за особые нужды.

Полагаю, что то же самое относится и к посту. У нас должно быть время для регулярного поста — я верю, что пост должен стать обычной практикой в жизни каждого христианина стремящегося к духовному возрастанию. Но, практикуя регулярный пост, мы должны быть открыты к водительству Святого Духа, и Он может повести нас к особому дополнительному посту. Итак, мы видим параллель между постом и молитвой. Как существует личная и общая молитва, так существует личный и общий пост. Как есть обычная молитва и времена особой молитвы, так в жизни каждого христианина должен быть регулярный пост и особое время водительства Святого Духа к посту.

1. ВСЕМ ЛИ ХРИСТИАНАМ СЛЕДУЕТ ПОСТИТЬСЯ?

Если мы обратимся к Библии, а также к истории Израиля и Церкви, то обнаружим, что пост являлся регулярной практикой в жизни Божьего народа. Во времена Ветхого Завета Бог ожидал от Израиля коллективного поста, по меньшей мере, один раз в год в День Искупления. Также мы читаем о постах Моисея, Давида, Ильи и царей Израиля, которые постились не только сами, но и вводили в пост свой народ. В книге Деяния Апостолов мы находим общие посты Ранней Церкви для особых целей, в частности, когда они посылали на служение апостолов, а также, когда они поставляли лидеров в поместных церквях. Мы имеем достоверное свидетельство Церкви и истории о том, что несколько столетий Ранняя Церковь практиковала еженедельный регулярный пост по средам и пятницам. Как правило, эти два дня отводились для поста.

Первые методисты Джон и Чарльз Уэсли практиковали регулярный пост. Хотя многие современные методисты никогда не слышали об этом, но это было обычной частью их жизни. Более того, Джон Уэсли не поставлял в служение человека, который не давал согласие посвятить посту каждую среду и пятницу до 16-00. Другими словами, Уэсли относился к посту, как к совершенно нормальной и неотъемлемой части жизни и самодисциплины любого христианского служителя. Лично я верю, что восстановление этой практики могло бы изменить жизнь многих служителей и служений.

2. КАК СЛЕДУЕТ ГОТОВИТЬСЯ К ПОСТУ?

Первое, что я хотел бы сказать о приготовлении к посту — это *настрой*, с которым следует входить в пост. От него в большой степени зависит, будет пост успешным или нет. Мы должны подходить к посту с позитивным отношением: "*Это Божья воля для меня. Бог благословит меня, если я пощусь в соотвествии с Его волей*".

Во-первых, я верю, что в этом Божья воля, потому что об этом говорит Писание. Нам не нужно иметь особые чувства или откровения о том, чтобы поститься — это Божья воля для нас, потому что Библия ясно учит об этом. Ведь нам не нужно особое откровение о том, что волей Божьей для нас является молитва, поскольку Библия недвусмысленно говорит об этом. Люди, которые ждут специальное откровение о чем-либо, что открыто в Библии, редко получают такое особое откровение и поэтому выпадают из воли Божьей.

Во-вторых, Бог вознаграждает нас в посте, если мы ищем Его с правильными мотивами и библейским путем. В Евангелии от Матфея 6:17-18 Иисус сказал: "*А ты, когда постишься, помажь голову твою и умой лице твое, чтобы явиться постящимся не пред людьми, но пред Отцом твоим, Который втайне; и Отец твой, видящей тайное, воздаст тебе явно*". Это очень ясное обетование. Когда вы поститесь правильным образом, с правильными мотивами, Бог явным образом воздаст вам.

А если вы не поститесь, помните, что вы лишаете себя воздаяния, потому что Бог не может вам воздать, если вы не выполняете Его условий.

В Послании к Евреям 11:6 изложен основополагающий принцип приближения к Богу: "*А без веры угодить Богу невозможно; ибо надобно, чтобы приходящий к Богу веровал, что Он есть, и* (старательно, прилежно) *ищущим Его воздает*". Когда мы приходим к Богу, Библия говорит, что мы должны приходить к Нему с верой. Нет другого основания для нашего обращения к Нему, и когда мы приходим к Богу на этом основании, мы должны верить: 1) Бог есть (верить, что Он существует), и 2) Он воздает тем, кто прилежно ищет Его. Если вы прилежно ищете Бога, Он воздаст вам – это гарантировано! Возможно, Он не всегда воздаст вам именно таким образом, каким вы ожидаете, но ваша награда не потеряется, если вы прилежно ищете Его.

В 58 главе Книги пророка Исаии мы найдем рад обетовании для тех, кто постится в соответствии с волей Божьей. Стих 8: "*Тогда откроется, как заря, свет твой, и исцеление твое скоро возрастет, и правда твоя пойдет перед тобой, и слава Господня будет сопровождать тебя*". Стих 9: "*Тогда ты воззовешь, и Господь услышит; возопиешь, и Он скажет: "вот Я!*" Стих 11: "*И будет Господь вождем твоим всегда, и во время засухи будет насыщать душу твою и утучнять кости твои, и ты будешь, как напоенный водою сад и как источник, которого воды никогда не иссякают*". Стих 12: "*И застроятся потомками твоими пустыни вековые, ты восстановишь основания многих поколений, и будут называть тебя восстановителем развалин, возобновителем путей для населения".*

Я выбрал небольшой список особых обетований тем, кто постится в соответствии с Божьей волей: (1) свет, (2) здоровье, (3) праведность, (4) слава, (5) ответ на молитву, (6) постоянное водительство, (7) удовлетворение, (8) обновление, (9) успешный и плодотворный труд, (10) восстановление. На мой взгляд, любой христианин, не желающий этих благословений — просто глуп. Все это обещано тем, кто постится в соответствии с волей Божьей. Когда мы начинаем поститься с позитивным отношением веры — «мы делаем то, чему учит Библия; послушны ясной воле Божьей; и верим, что Сам Бог воздаст нам» — то можем ожидать этих особых благословений, перечисленных в 58 главе Книги пророка Исаии.

Затем, нам нужно правильно относиться к нашему собственному телу. Многие христиане имеет неправильное отношение к телу. У них сложилось впечатление, что тело это лишь неизбежное зло, с которым им приходится мириться на земле. Но придет тот день, когда они, наконец, расстанутся с ним. Они не хотят уделять слишком много внимания и времени своему телу, считая это недуховным. Я не нахожу, что Библия учит такому отношению к телу. И хочу прочитать вам всего два стиха. *"Не знаете ли, что тела ваши суть храм живущего в вас Святого Духа, Которого имеете вы от Бога, и вы не свои? Ибо вы куплены дорогою ценою. Посему прославляйте Бога и в телах ваших, которые суть Божий*" (1 Кор. 6:19-20).

Библия учит, что наше физическое тело — это храм Святого Духа, и что когда Иисус пролил Свою Кровь и умер на кресте, Он искупил не только наш дух и нашу душу, но и наше тело. Ценой Своей Крови Он выкупил нас полностью, и мы принадлежим Ему целиком: духом, душой и телом. Он имеет реальную заинтересованность в нашем теле и особую цель для нашего тела. Нашему телу надлежит быть храмом для Святого Духа. Оно должно стать местом обитания Святого Духа. Библия говорит, что Бог не обитает в рукотворных храмах. Мы сможем построить церковь, синагогу, скинию — все, что угодно, но Бог не будет обитать там. Бог избрал для обитания тела тех, кто верит в Него. Поэтому мое тело имеет очень важную функцию. Это резиденция Святого Духа, и я верю, что Богу угодно, чтобы я старался содержать свое тело в самом лучшем состоянии. Оно должно быть здоровым, сильным и способным делать то, что Бог пожелает.

Кроме того, в Послании к Римлянам 6:13 Павел говорит нам о наших физических членах: "*И не предавайте членов ваших греху в орудие неправды, но представьте себя Богу, как оживших из мертвых, и члены ваши Богу в орудие праведности*". Поэтому различные члены моего физического тела предназначены быть *инструментами* или *орудиями*, которые Бог может использовать. Они принадлежат не мне, они принадлежат Богу. Я предоставляю их Ему. Насколько я понимаю, это логично и ясно, что Бог хочет видеть Свои инструменты в хорошем состоянии. Он не хочет, чтобы они были слабыми или разбитыми. Он хочет, чтобы наши тела были здоровыми. Он хочет, чтобы члены нашего тела были сильными, эффективными и активными, потому что это члены Христа и инструменты Божьи, которые Он употребляет для Своих целей на земле. В определенном смысле, Христос не имеет другого тела на земле, кроме наших тел. Наши тела — это инструменты, которые Он применяет для осуществления Его воли на земле. И я убедился, что Бог ожидает от нас, что мы будем, насколько возможно, поддерживать здоровое и сильное состояние своих тех.

Я убежден, что пост — это очень практический способ сделать и содержать наши тела здоровыми. Многие физические и другие проблемы разрешились бы, если бы христиане научились поститься практическим и здоровым образом. Одна из целей того, что я собираюсь вам сказать — помочь вам поститься с максимальной пользой для вашего тела. Видя то, как христиане Америке обращаются со своими телами, особенно то, что они едят, я невольно задаюсь вопросом: «Что было бы с их автомобилями, если бы они обращались с ними с такой же небрежностью, невежеством и легкомыслием, как они обращаются с собственными телами?» Должен сказать, что машины большинства из них давно бы вышли из строя! Наши тела более многострадальны, чем наши автомобили. Лично я считаю, что элементарный здравый смысл подсказывает нам, что следует обращаться со своим телом, по крайней мере, с такою же заботой и вниманием, с каким вы обращаетесь с собственным авто. А в действительности, с гораздо большим вниманием, т.к. за несколько тысяч вы сможете купить новую машину, но ни за какие деньги вы не купите новое тело. Вы не сможете купить даже один глаз. Ценность здорового тела невозможно измерить деньгами. Одна из основных проблем христиан состоит в том, что они просто не понимают значимости здорового тела.

Конечно же, вам следует быть осторожными, если вы имеете особые виды проблем со здоровьем, например, диабет или туберкулез, или если проходите определенный цикл лечения. В таком случае вам следует проконсультироваться с вашим врачом и принять его советы о том, следует вам поститься или нет. Некоторые люди не могут поститься. Например, диабетики, которые должны поддерживать в своем теле определенный уровень веществ и их соотношение. Полагаю, что в таких случаях другие христиане должны поститься за тех, кто не может.

3. ЧТО ЯВЛЯЕТСЯ ЦЕЛЬЮ ПОСТА?

Давайте поговорим о цели поста. Кто-то однажды сказал: «Если ты целишься в никуда, то, будь уверен, ты туда и попадешь». Нам нужно иметь цель и задачу, когда мы входим в пост. Писание показывает нам много хороших причин для поста, и я поделюсь с вами некоторыми из них. Прежде всего, одна из целей поста согласно Писанию — это смирить себя перед Богом. Давид сказал: "*смиряю душу мою постом*". Нам необходимо уяснить раз и навсегда, что *смирение – это не эмоции;* это не что-то туманное, но очень определенное. Бог не будет смирять нас, потому что Он сказал нам, чтобы мы смиряли себя сами. Я убедился на собственном опыте, что когда пощусь с правильными мотивами и в вере, то обретаю способность смирить себя, а когда я смиряю себя, Бог возвышает меня. Этот принцип проходит через все Писание. *Всякий возвышающий себя, будет унижен; а всякий смиряющий себя, будет вознесен.* Выбор за нами. Хочу ли я быть униженным? Тогда я могу возвышать себя. Хочу ли я быть возвышенным? Тогда мне нужно смирить себя. Я верю, что пост является основным, Библейским способом для верующего смирить себя.

Другой мотив для поста – это приближение к Богу. Писание говорит, что если мы приблизимся к Богу, Он приблизится к нам.

Еще одна причина поститься – это для того, чтобы лучше понять Божье Слово. На своем многолетнем опыте я убедился, что во время поста, когда я ищу Бога, Он дает мне более глубокое понимание Его Слова.

Другая очень важная причина поститься – это найти Божью волю и принять Его направление для своей жизни. В Книге Ездры 8:21 сказано: "*И провозгласил я там пост у реки Агавы, чтобы смириться нам пред лицом Бога нашего, просить у него благополучного пути для себя и для детей наших, и для всего имущества нашего*". И я снова могу засвидетельствовать на основании своего опыта, что когда я смирял себя постом и искал Его водительства и покровительства, Он вел меня верным путем. Я испытал это во многих ситуациях, когда я предпринимал переезд из страны в страну, а также, когда принимал решения о выборе поля деятельности и вида служения. Я обнаружил, что если мы в служении и поиске Божьего руководства уделяем время посту и молитве, то мы получаем то, о чем молимся.

Есть еще одна причина, которая очень часто побуждает людей к посту — это поиск исцеления. В Книге пророка Исаии 58:8 дано такое обетование постящемуся: *"исцеление твое скоро возрастет"*. Это применимо также к освобождению от злых духов. Иисус сказал однажды об особом виде злых духов: *"Сей род изгоняется постом и молитвой"*. Перед тем, как Сам Иисус вошел в Свое служение исцеления и освобождения, Он провел 40 дней в посте.

Также мы можем поститься, когда, в особых случаях, нуждаемся в Божьем вмешательстве, или когда возникли какие-либо серьезные проблемы, неразрешимые обычным путем. В Библии много подобных примеров. В 20 главе 2-й книги Паралипоменон царь Иосафат и народ Иудейский оказались перед лицом наступления огромной вражеской армии, с которой им было не справиться обычными военными средствами. Они смирили себя перед Богом, собрались вместе, постились, молились — и Бог разобрался с противником. Им не пришлось использовать никакого оружия. Бог полностью разбил их врагов. И я не верю, что у Бога есть любимчики. Я верю, что он также готов вступиться за нас, когда мы ищем Его таким же образом.

Другая причина поста состоит в том, чтобы ходатайствовать и молиться о других. Многие люди, которые имеют неспасенных родственников, приходят ко мне с вопросом: «Что могу я сделать, чтобы они спаслись?» В ответ я часто спрашиваю их: «Вы когда-нибудь постились и молились о спасении вашего мужа, сына или дочери? Готовы ли вы принести личную жертву — пожертвовать чем-то ради ваших близких?» Есть много свидетельств о том, как Бог отвечал на молитвы, сопровождающиеся постом, о неспасенных родственниках.

Если вы собираетесь отделить особое время для поста — больше, чем один день — или у вас есть особые цели для поста, то полезно записать список целей поста и его дату. Я рад, что много лет назад, в начале 50-х годов, я неоднократно брал особые посты. У меня до сих пор сохранились списки. Просматривая их, я с изумлением вижу, что Бог чудесным образом ответил на многое из записанного — и некоторые из этих пунктов имеют большое значение. Приведу один пример, пусть не самый впечатляющий, но он ободрит некоторых из вас — как свидетельство, что стоит молиться и поститься. Я постился и молился о спасении моей матери, и многие годы спустя Бог спас ее очень явным и драматическим образом, практически в последний момент. Она испытала чудесное и очень явное переживание спасения.

Когда я просматриваю эти списки, то славлю Бога за чудесные ответы на мои молитвы. Молитвенный список может оказаться хорошей идеей для упорядочения вашей молитвенной жизни. Я не утверждаю, что это необходимо делать каждому, но если вы будет записывать ваши молитвенные цели, то однажды будете благодарить Бога за то, как Он ответил на ваши молитвы.

4. КАК ДОЛГО СЛЕДУЕТ ПОСТИТЬСЯ?

Теперь мы подошли к вопросу выбора длительности поста. Мой совет: *не начинайте с длительного поста.* Не начинайте с недели, двух недель или сорока дней. Некоторые люди делают именно так, и им удается дойти до конца. Однако я нахожу, что лучше начать подниматься по лестнице ступенька за ступенькой. Проблема в том, что если вы начнете с очень длинного поста и сойдете с дистанции, то вы будете чувствовать себя побежденными, и, возможно, сдадитесь и не найдете сил для того, чтобы попробовать снова. Было бы лучше начать с первой ступени лестницы и постепенно достичь верха. Если вы не пробовали себя в посте и не уверенны в том, что способны на длительный пост, начните с пропуска вашего ужина. Если вы сделаете последний прием пищи в 18-00 или 18-30 и больше не будете есть ничего до самого завтрака, то будете поститься около 18 часов. Это достаточно большой период времени без еды, а пропустите вы всего лишь один прием пищи. Таким образом, вы сможете некоторое время попоститься, даже не внося кардинальные перемены в свой распорядок дня. Если вы преуспеете в этом, то, вероятно, вскоре вы захотите пропустить два приема пищи — обед и ужин. Если вы не кушаете от завтрака до завтрака, то у вас получается 24 часа без пищи. Затем, когда вы начнете чувствовать себя настоящим воином, вы можете пропустить все три приема пищи в день, и вы будете поститься от ужина предыдущего вечера, до завтрака следующего дня — около 36 часов.

Думаю, что когда вы убедитесь, что можете достичь такого уровня, тогда настанет время искать водительства Божьего, желает ли Он, чтобы вы входили в более длительный пост. Я бы опять не советовал вам сразу же замахиваться на значительно более продолжительный пост — возьмите два-три дня, или неделю. Если вы проведете неделю в посте, то, вполне вероятно, это существенно повлияет на курс вашей жизни. Оглядываясь назад, на свое служение, я осознаю, что если бы не начал практиковать посты много лет назад, то не был там, где сейчас. Я верю, что результаты постов самым разным образом повлияли на курс моей жизни. Я возвращаюсь к уже упомянутому месту Писания: *"Бог воздает прилежно ищущим Его"*. Я уверен в этом не только на основании Писания, но и подтверждаю это на основании своего опыта!

Итак, можно поститься две или три недели (в Библии достаточно много людей постилось 40 дней, и сегодня я знаком со многими, кто постился по 40 дней), но я не думаю, что будет мудро ставить главной целью продолжительность поста. Действительно, чтобы ваши посты были плодотворными, не столь важно, как долго поститься, но важно поститься в воле Божьей, с правильными мотивами. Итак, я предлагаю вам, помня вышесказанное, начать с малого и постепенно увеличивать продолжительность ваших постов.

5. НА ЧТО СЛЕДУЕТ ОБРАТИТЬ ВНИМАНИЕ ВО ВРЕМЯ ПОСТА?

Уже было сказано о важности духовного настроя, что, наверное, самое существенное. С практической же стороны важно предохранить себя от запора. Если вы собираетесь поститься, то убедитесь, что ваш последний прием пищи – или даже два – не послужили причиной нежелательных последствий. Каждый по-своему предостерегается от этого, но ясно, что вам желательно принять накануне поста большее количество фруктов, салатов, фруктового сока или каш крупного помола. Конечно, вы сами решаете, что кушать, но эту деталь вам следует принять во внимание.

Теперь собственно, что происходит во время поста. Это достаточно объемный вопрос, и здесь есть ряд моментов, на которые мне бы хотелось обратить ваше внимание.

Во-первых, я настоятельно рекомендую вам, чтобы вы во время поста выделили дополнительное время для чтения Библии и молитвы. Я ставлю чтение Библии на первое место, поскольку считаю мудрым ввести это в обычай: *не молиться без предварительного чтения Библии.* Когда вы читаете Библию — это приносит помазание вашему духу и приводит ваше сознание в согласие с Богом. Как правило, после чтения Библии ваша молитва будет намного эффективней. Если вы продолжаете заниматься своей повседневной деятельностью и пропускаете всего пару приемов пищи, то, на первый взгляд, у вас не очень много времени для чтения Библии и молитвы, но, в конце концов, у вас есть время, которое вы потратили бы на эти два приема пищи. Итак, посвятите это время Господу, проведите это время в чтении Библии и молитве, если вы не можете сделать больше.

Во-вторых, храните себя от духовных атак. Пост — это не просто воздержание от пищи. Вы идете на определенную жертву для поиска Божьего ответа на определенные нужды. Поэтому сатана, в свою очередь, попытается направить на вас дополнительные духовные силы. Вы почувствуете на себе странное давление — возможно это будет сомнения, страхи и одиночество! Вы можете почувствовать себя как бы во тьме или можете потерять чувство радости, мира и счастья, которое обычно сопровождает вашу христианскую жизнь. Если это произойдет — не волнуйтесь. Примите это как своего рода комплимент от дьявола. Это означает, что вы начинаете беспокоить его, и он из шкуры вон лезет, чтобы постараться расстроить ваши цели. Не покоряйтесь этим эмоциям. Не позволяйте чувствам управлять вами. Всегда помните эту основополагающую истину Слова Божьего: *Бог на ва-*

шей стороне, Он любит вас и воздает ищущим Его. Это истина, независимая от того, чувствуете вы это или нет. Не позволяйте чувствам сбить вас с толку.

Другое предупреждение, которое я хочу вам дать — остерегайтесь «религиозного хвастовства». Полагаю, нам следует обратить внимание на предупреждение Иисуса из Евангелия от Матфея 6:16: "*Также, когда поститесь, не будьте унылы, как лицемеры; ибо они принимают на себя мрачные лица, чтобы показаться людям постящимися. Истинно говорю вам, что они уже получают награду свою*". Не замыкайтесь на религиозном акте. Пусть никто не знает, что вы поститесь. Некоторые люди могут знать об этом, но не делайте из этого шоу. Не выставляйте это напоказ. Делайте это настолько тихо и незаметно, насколько это возможно. По большому счету, вы будете способны выполнять свои ежедневные обязанности.

Однажды, когда мы жили в Лондоне, моя жена вошла в длительный пост (свыше четырех недель), и все это время она готовила пищу для всей семьи и всегда садилась с нами за стол, несмотря на то, что сама не ела. И она не сложила с себя обычных обязанностей по дому. Примерно в тот же период времени я постился свыше трех недель, и это не влияло на обычную мою деятельность. В то время в нашей Церкви мы проводили каждую неделю пять собраний в помещении и три на открытом воздухе, и я вел их и проповедовал на каждом из них. Итак, за некоторым исключением, пост не мешает вам вести обычный образ жизни. Фактически, через некоторое время, вы, возможно, станете делать даже больше во время поста, чем когда вы не поститесь.

Итак, не делайте из вашего поста шоу. Просто выполняйте свои обязанности, насколько это возможно.

6. КАК НАСЧЕТ НЕПРИЯТНЫХ ФИЗИЧЕСКИХ РЕАКЦИЙ?

Мы подошли к вопросу о неприятных физических реакциях, которые беспокоят некоторых людей. Из-за современного образа жизни некоторые люди будут испытывать различные виды физических реакций в начальной стадии поста. Самые распространенные — это головные боли (которые могут быть достаточно острыми), головокружение и тошнота. Я не медицинский эксперт, но люди, изучающие реакции тела с медицинской точки зрения, говорят, что в большинстве случаев та энергия кровообращения, которая обычно расходовалась на переваривание пищи, во время поста высвобождается для очищения всего человеческого организма. Например, если вы большой любитель кофе, то, вполне вероятно, что у вас во время поста будут головные боли. Этим расплачиваются любители кофе за свою привязанность. Я не предлагаю вам отказаться от кофе, я просто говорю, что, возможно, вам придется пережить подобную реакцию во время поста.

Большинство из нас не осознает, что процесс пищеварения — это тяжелая работа. Если вы кушаете тяжелую пищу, то большая часть вашей физической энергии в течение часа или двух расходуется на переваривание потребленной пищи. Из-за этого кровообращение не может быть активным в других частях вашего тела. Чтобы убедиться в этом вы можете пойти поплавать сразу после сытного обеда – ваши ноги или руки может свести судорога. Почему? Потому что ваша кровь обращена на желудок, чтобы переварить пищу. Но после того как ваша пища переварена, вы сможете плавать и не бояться судороги. Другими словами, кровь освобождена для другой деятельности. Когда вы начинаете поститься один день, то даете своей крови дополнительное высвобождение для выполнения очистительного процесса, в котором нуждается ваш организм, но который никогда не производился, т.к. вся энергия вашей крови постоянно тратилась на переваривание пищи.

Переесть означает просто понизить степень своей физической энергии. Когда вы едите больше чем надо, то вы просто загружаете свой организм ненужной работой переваривания излишнего количества пищи, не говоря о других негативных последствиях переедания. Поэтому ваш организм уже не способен выполнить многое другое, что необходимо сделать. Лично я убедился, что после приема тяжелой пищи, я не могу проповедовать на должном уровне. Мне нужно, по меньшей мере, час или два для перерыва между едой и проповедью, т.к. моя кровь направлена не на мозг, а на желудок. У меня не будет необходимой ясности ума.

Итак, у некоторых людей, особенно в современном обществе, в результате поста

могут возникнуть самые разные физические реакции. Поблагодарите за них Бога
(если вы найдете в себе достаточно веры
на это): «Благодарю Тебя, Боже, за мою
головную боль. Я понимаю, что сейчас моя
кровеносная система делает то, что необходимо было сделать уже давным-давно!»
Не прекращайте свой пост. Если вы сделаете это, вы позволите дьяволу победить
вас. Даниил сказал однажды: "*Обратил
я лицо мое к Господу Богу с молитвою и
молением в посте*". Вам к Нему следует
обратить свое лицо, когда вы поститесь.
Лучше настроить себя на то, чтобы пройти до конца, поскольку если оставить возможность сдаться и скушать свою порцию,
тогда дьявол будет все время рядом, дер-
жа в руках поднос с этой едой. Если вы
твердо решите сегодня больше не кушать
и исключите эту возможность из своего
сознания, то вам будет намного проще.

При наступлении времени, когда вы
обычно принимаете пищу, вы можете
ощутить муки голода. Но в действительности это происходит не из-за острой необходимости принять пищу, но из-за
привычки, которая выработалась у вашего желудка. Примерно через час вы обнаружите, что от ваших мук голода ничего
не осталось, несмотря на то, что вы не
съели ни кусочка. Итак, это всего лишь
привычка. Просто ваш желудок был заве-
ден подобно будильнику на такое действие.
Если хотите обмануть свой желудок, то
выпейте пару стаканов воды. Когда вы
наполните ваш желудок, он успокоится.
Он подумает, что получил немного пищи
и прекратит протестовать.

Если эти физические реакции будут одолевать вас, попробуйте оставить все, лечь и отдохнуть. Это неплохо и для вас самого. Если вы на работе и не можете себе позволить этого, то вам следует выбрать другой способ или другой день для поста. Если ваши физические реакции станут настолько интенсивными, что вы не сможете терпеть, то я посоветовал бы вам сделать перерыв в посте, дать организму восстановиться, а затем попытаться вновь. Возможно, вы будете совершенно удивлены на этот раз, что у вас почти не возникнут какие-либо реакции.

Пост обнажает наши проблемы — духовные и физические. Поэтому когда обнаружатся ваши проблемы, не обвиняйте пост. Вместо этого благодарите Бога, что пост открыл вашу проблему, которая и без того уже существовала. Если вскрытые постом проблемы — эмоциональные, духовные или физические — окажутся очень серьезными, то, я думаю, вам следует поделиться этим с опытным человеком — служителем церкви или врачом.

7. КАК ИЗВЛЕЧЬ МАКСИМУМ ФИЗИЧЕСКОЙ ПОЛЬЗЫ ИЗ ПОСТА?

Если вы хотите извлечь максимум физической пользы из своего поста, то вот несколько советов, которые вам помогут.

1) Больше отдыхайте. Выделите дополнительное время для отдыха. Вы можете молиться не только на коленях, но и лежа в постели.

2) Делайте небольшие упражнения и

попытайтесь, по возможности, дышать свежим воздухом. Я нахожу, что очень хорошо молиться во время прогулки, и когда я гуляю, то дышу свежим воздухом, а ходьба сама по себе является физическим упражнением − можно достичь трех целей сразу! Это значительно увеличит пользу от поста, − как духовную, так и физическую. Обычно у большинства людей во время поста неприятные физические реакции достигают своего пика на второй, третий или четвертый день, и если вы преодолеете это, то вступите в период, когда пост становится интересным, возбуждающим и радостным. Если вы зайдете так далеко, то возможно, вы обнаружите, что ваша физическая сила удивительным образом возросла. Мой опыт (относящийся не столько к физической, сколько к умственной активности) свидетельствует о том, что когда я достигаю этой фазы в посте, я могу сделать за один час столько, сколько обычно делаю за два или три часа. Мое мышление гораздо яснее, несмотря на то, что мое тело может все еще протестовать легким чувством слабости.

3) Когда вы поститесь, то очень разумно потреблять больше жидкости, т.к. это будет промывать ваши почки и очищать весь организм в целом. Какие жидкости? Полагаю, что нет ничего лучше чистой воды. Речь идет не о воде из-под крана, а об очищенной воде, которую можно приобрести в супермаркете или на специализированной фирме.

Во время поста вы обнаружите, что ваши вкусовые ощущения станут намного острее, и вы станете различать неприятный привкус в воде, на который вы раньше не обращали внимания, например привкус хлора. Несмотря на то, что я считаю мудрым и настоятельно рекомендую принимать только чистую воду, в начале вашего поста вы можете добавлять в воду немного меда. Или пейте горячую воду с небольшим кусочком лимона. Мед и лимон сами по себе очищают воду. Если вы не чувствуете, что готовы обойтись просто водой, то существует много других жидкостей, таких как отвар, бульон или фруктовые соки. На основании своего личного опыта, я бы не советовал во время поста пить чай или кофе, т.к. это очень сильные возбуждающие средства. Вы извлечете гораздо больше физической пользы из вашего поста, если исключите их из употребления.

8. СУЩЕСТВУЮТ ЛИ РАЗНЫЕ ВИДЫ ПОСТА?

Иногда бывает, что Бог ведет нас к воздержанию от жидкостей, но сам по себе сухой пост может принести вред. Единственные люди из Библии, постившиеся без еды и воды в течение 40 дней, были Моисей и Илия. Но они постились на сверхъестественном уровне — в непосредственном присутствии Бога и под сверхъестественной силой. Не думаю, что такой пост предназначен для повседневной практики. Полагаю, что образец длительности сухого поста (с воздержанием от жидкостей) дан в Книге Есфирь 4:16. *"Пойди, собери всех Иудеев, находящихся в Сузах, и поститесь ради меня, и не ешьте и не пейте три дня, ни днем, ни*

ночью, и я с служанками моими суду так
же поститься, и потом пойду к царю, хотя
это против закона, и если погибнуть, погибну". Трое суток, день и ночь — это 72
часа, и я никому не советую оставаться без
потребления жидкости дольше этого срока. Если вы попытаетесь 72 часа не есть
и не пить, то я думаю, вы обнаружите себя
на коленях, если не духовно, то, по меньшей мере, физически.

Должен сказать, что я дважды постился по 72 часа без пищи и жидкости, и Бог
благословил меня. Но я не рекомендую
никому практиковать сухой пост более
этого срока. Полагаю, что это очень опасно физически. Доктора подтвердят вам это.

Упомяну еще об одной практической
детали. Когда вы поститесь, ваш кишечник перестает двигаться, но если вы по-
стараетесь предотвратить запор с самого
начала, то вам не следует беспокоиться по
этому поводу. Когда вы снова начнете
кушать, ваш кишечник начнет функцио-
нировать. Если вы начнете питаться правильным образом, то обнаружите, что
основательно прочистили свой кишечник,
и он в лучшем состоянии, чем был в начале поста. Если ваш кишечник не работает во время поста — не беспокойтесь.
Иногда он будет работать, иногда нет.
Очевидно, если вы поститесь достаточно
долго, то через некоторое время он может
прекратить свою работу полностью, т.к.
пища не будет поступать для переваривания.

В Библии есть пример, который бы я
назвал частичным постом. Другими словами, вы едите что-то, но не едите много.

Книга пророка Даниила 10:2-3: "*В эти дни я, Даниил, был в сетовании три седмицы дней (21 день). Вкусного хлеба не ел, мясо и вино не входило в уста мои, и мастями я не умащал себя до исполнения трех седмиц дней*". Это не было постом в полном смысле этого слова, это было тем, что я называю частичным постом. Он не ел мяса и изысканной пищи, а ел простую грубую пищу. Пост Даниила был своего рода сетованием (видом скорби). Пост и скорбь тесно взаимосвязаны, и это духовная скорбь, которую Бог обещал благословить. "*Блажены скорбящие на Сионе, ибо они утешатся*". Возможно, будет время, когда вы будете вводимы в частичный пост, как Даниил.

На днях я встретил католического священника, миссионера в Японии, который только что побывал в одном из городов США, где группа священников постилась и молилась 40 дней за всех священнослужителей. Это действительно вдохновило меня. Некоторые священники находились там все 40 дней, но другие – как этот миссионер из Японии – одну неделю. Они посвятили время для поста и, оставив все остальное, молились и искали Бога, прося Его благословить всех священнослужителей Римской Католической Церкви. И, по его словам, они пережили огромное благословение в том собрании. Давайте помнить, что это не устарело и не потеряло силы, все это имеет место и сегодня, а если этого не делают протестанты, то это делают католики!

Этот пример напоминает еще об одном аспекте поста: если группа людей соглашается поститься вместе, то им, по возможности, следует собираться вместе для совместной молитвы и поиска Бога. Есть такие вещи, которые достигаются общей молитвой, и не происходят, когда мы молимся сами по себе.

9. СУББОТА И ПОСТ

Есть еще одна важная грань, которая выходит за рамки темы поста — это вопрос об отделении времени для Бога. Мы уже рассматривали в 58 главе Книги пророка Исаии благословения, обещанные тем, кто постится в соответствии с волей Божьей. Первые 12 стихов говорят о посте; последние два стиха говорят об исполнении Божьей субботы. Верю, что пост и субботний отдых взаимосвязаны. Прочтем два последних стиха из Книги пророка Исаии 58:13-14: "*Если ты удержишь ногу твою ради субботы от исполнения прихотей твоих во святый день Мой, и будешь называть субботу отрадою, святым днем Господним, чествуемым, и почтишь ее тем, что не будешь заниматься обычными твоими делами, угождать твоей прихоти и пустословить: то будешь иметь радость в Господе, и Я возведу тебя на высоты земли и дам вкусить тебе наследие Иакова, отца твоего: уста Господни изрекли это*".

Полагаю, что эти два стиха не случайно следуют за 12-ю стихами о посте. Позвольте мне сказать, что я не верю, что от христиан требуется исполнения иудейской субботы, также как и не верю, что суббота стала воскресеньем. Я верю, что суббота есть суббота, и что от иудеев требовалось соблюдения субботы, но христиане не под законом, и от них не требуется соблюдения субботы. Это мое личное убеждение.

В Послании к Евреям сказано: "*для народа Божия еще остается субботство*". Суть субботы — это покой и уход от всех своих дел. И я верю, что очень полезно соединить успокоение от дел с постом. Средний американец либо работает, либо занят дома со своей семьей, либо трудится еще где-то по совместительству, либо занят каким-то развлечением. Но, на самом деле, огромное духовное благословение — это просто расслабиться, ожидать Бога и не быть занятым ничем.

Я нахожу этот принцип Библейским. Когда Бог привел Израиль в Обетованную Землю, Он повелел им, чтобы каждый седьмой год они не засевали землю и не работали на ней для того, чтобы она оставалась в покое. И все время, пока Израиль был в той земле, они не выполняли этого. Бог предупредил их, что если они не будут исполнять этого, войдя в эту землю, то Он изгонит их оттуда, чтобы земля отдохнула. Вот предостережение о суде в книге Левит 26:33-35: "*А вас рассею между народами, и обнажу вслед вас меч, и будет земля ваша пуста и города ваши разрушены. Тогда удовлетворит себя земля за субботы свои во все дни запустения своего; когда вы будете в земле врагов ваших, тогда будет покоиться земля, и удовлетворит себя за субботы свои. Во все дни запустения своего будет покоиться она, сколько не покоилась в субботы ваши, когда вы жили на ней*".

Другими словами, Израиль отказался исполнить субботу для земли, и Бог сказал: «Раз так, то Я выведу вас оттуда, и земля пребудет в покое и во время вашего отсутствия исполнятся все ее субботы, поскольку вы не соблюдали субботы, когда находились в ней».

Я вижу, что Бог поступает таким же образом с христианами. Мы так заняты и так активны в исполнении дел для Бога, что когда Он говорит: «Возьми отпуск, расслабься, отдохни, побудь наедине, отойди от дел, Мне так много нужно сказать тебе» — мы слишком заняты, чтобы слушать. Я знаю людей, которых могу назвать своими друзьями, кому Бог продолжал говорить и предупреждать, но они не слушали, затем Бог сказал: «Хорошо, побудь на больничной койке 12 месяцев. Там ты отдохнешь!» Полагаю, что лучше успокоиться по доброй воле, чем отдыхать по принуждению. Я принял решение стараться поступать именно так. Полагаю, что очень важно посвятить время покою, расслабиться и ожидать Бога, и по возможности сочетать это с постом. Тогда ваш дух отдохнет и ваш желудок отдохнет. Все ваше тело получит отдых, и все ваше естество получит успокоение.

Обратите внимание, что при праздновании Дня Искупления Бог предписал Израилю сочетать покой с постом. Левит 16:29-31: "*И да будет сие для вас вечным постановлением: в седьмой месяц, в десятый день месяца* (это День Искупления) *смиряйте души ваши и никакого дела не делайте, ни туземец, ни пришелец, поселившийся между вами; ибо в сей день очи-*

щают вас, чтобы сделать вас чистыми от всех грехов ваших, чтобы вы были чисты пред лицем Господним. Это суббота покоя для вас, смиряйте души ваши: это постановление вечное".

Священник должен был выполнить свою часть — он должен был войти в Святое Святых с кровью жертвы для умилостивления за грехи народа. Но у народа была своя обязанность: во-первых, поститься, и, во-вторых, отойти от дел. Насколько я ощущаю, Господь особенным образом подводит нас к тому, чтобы мы вновь сочетали пост с покоем. Когда мы постимся, нам нужно, по возможности, устраниться от других видов деятельности — не обязательно на целый день, хотя бы полдня — и уделить это время для Бога. Пусть наш загруженный разум — хотя бы ненадолго — прекратит накручивать обороты. Мы так заняты, что даже когда молимся, мы не даем Богу возможности сказать нам, что делать. Молиться — это не просто говорить Богу, но также и слушать Бога. Порой требуется много часов для того, чтобы мы могли услышать Его. Итак, я верю, что покой должен быть связан с постом.

Позвольте привести одно место Писания, где пост связан с субботой. Книга пророка Иоиля 1:14 говорит о том, как народ Божий оказался в критической ситуации. Они не находили ответа, и Бог сказал им через пророка Иоиля: *"Назначьте пост и объявите торжественное собрание, созовите старцев и всех жителей страны сей в дом Господа Бога вашего и взывайте к Господу"*. Торжественное собрание означает день, когда никто не занимается своими делами, но все ищут Господа.

Много лет назад, когда мы находились в Иерусалиме во время открытого вооруженного противостояния, в городе объявили комендантский час, и слово, означающее в те времена комендантский час, было тем же словом, что используется в этом отрывке Писания для обозначения «торжественного собрания». Комендантский час — это время, когда никому не разрешается выходить на улицу. Каждый должен оставаться дома. Другими словами, это своего рода устранение от всех видов деятельности. Бог говорит: "*Назначьте пост, объявите торжественное собрание, остановите все свои дела, и уделите время Господу*". В Книге пророка Иоиля 1:15-16 Бог говорит: "*Вострубите трубою на Сионе, назначьте пост и объявите торжественное собрание. Соберите народ, созовите собрание, пригласите старцев, соберите отроков...*". Всякий прекращал все свои дела и посвящал время поиску Бога.

10. КАК ВЫХОДИТЬ ИЗ ПОСТА?

Итак, мы подошли к последнему, что нам необходимо рассмотреть, изучая пост. Это очень важная часть. Вы можете утратить много пользы от поста, если не мудро выйдете из него. Некоторые из нас не осознают, что английское слово *breakfast* («завтрак») означает прием пищи, которым вы прерываете пост (*break* — ломать, нарушать, прерывать; *fast* — пост). Но некоторые люди так много едят на ночь, что их желудки не отдыхают даже ночью. Другими словами, им нечего прекращать своим завтраком.

После поста всегда начинайте питание с легкой пищи, даже если вы постились недолго. Не начинайте с насыщенной, жирной и тяжелой пищи. Предпочтительнее начать с сырых салатов или фруктов. Из своего опыта скажу, что если вы начнете с сырого салата или зелени (салат-латук), то это произведет невероятную очищающую работу для всего вашего организма. Это подобно щетке очистит ваш кишечник. Я знаю это по опыту.

Следующее, что нам надо уяснить — чем длительнее пост, тем более постепенно нам следует из него выходить. Кто-то сказал, что на прекращение поста следует затратить столько же времени, сколько мы затратили на сам пост. Не думаю, что следует в точности придерживаться такого соотношения, но постясь длительное время (свыше трех недель), я обнаружил, что мой желудок становится как у маленького ребенка. Мне пришлось быть крайне осторожным с собственным питанием, как если бы я кормил ребенка, и на возвращение к нормальной пище уходило, по меньшей мере, около недели.

Здесь вам реально необходимо употребить самоконтроль, потому что когда вы поститесь, после 2-х или 3-х дней, вы не чувствуете голода, но когда вы начнете принимать пищу снова, голод вернется, и здесь вам действительно нужно держать себя в руках. У вас в голове могут появиться картины всего того, что вы любите покушать, но вы не можете отпустить тормоза, чтобы не навредить себе слишком быстрым или неразумным выходом из поста.

Итак, в результате поста, даже если это всего лишь пара дней, ваш желудок сократится в размерах. Замечу вам, что, как правило, неразумно расширять свой желудок до прежних размеров. У большинства людей на Западе слишком растянутые желудки. Вы обнаружите, что когда вы начнете питаться после поста, то ощутите сытость быстрее, чем это было прежде. Привычка будет побуждать вас доесть пищу, но мудрость скажет: «Почему бы не остановиться на этом? Ведь уже итак достаточно». Итак, пост — это также способ изменить ваши привычки питания, что необходимо многим из нас. Однако если вы планируете похудеть или уменьшить вес, только пост не решит ваших проблем. Вы потеряете пару килограммов, но затем также быстро их и наберете, пока не начнете сочетать пост с изменением программы питания.

В ЗАКЛЮЧЕНИЕ

Итак, мы рассмотрели много практических аспектов поста. Мы увидели, что поститься — это явная воля Божья, и Он обещал воздать тем, кто будет искать Его в посте, в соответствии со Словом Божиим. Мы перечислили несколько Библейских целей поста: 1) смирить себя; 2) приблизиться к Богу; 3) яснее понять Слово Божье; 4) понять волю Божью и принять водительство для нашей жизни; 5) принять исцеление и освобождение от злых духов; 6) получить Божье вмешательство во время особого кризиса или при возникновении некоторых проблем, неразрешимых обычными способами; 7) ходатайство о других.

Мы также увидели, что мотивы нашего поста гораздо важнее, чем продолжительность поста. Для тех, кто не постился ранее, мудро начать с короткого поста и постепенно переходить к более продолжительным постам.

Во время поста нам необходимо большую часть времени уделять изучению Библии и молитве, хранить себя от духовных атак и исключить религиозное хвастовство.

Мы указали также на то, что из-за современного образа жизни большинство людей могут испытывать на себе некоторые физические реакции на ранних стадиях поста. Такие реакции, как правило, являются признаком того, что энергия нашей крови совершает крайне нужную нам очищающую работу в различных частях нашего тела.

Мы также открыли параллель между постом и субботой, поощряющую нас сочетать пост с отдыхом и поиском Господа.

Наконец, мы поговорили о том, как следует выходить из поста, чтобы извлечь максимум пользы из него.

Пост — это и наша обязанность, и наша привилегия как христиан. Давайте ответим на Божий призыв: молиться и поститься — индивидуально и совместно — веря, что Он исполнит Свое обещание воздать тем, кто прилежно ищет Его.

Об авторе

Дерек Принс (1915—2003) родился в Бангалоре, Индия, в семье потомтсвенного британского офицера. Он получил ученую степень по классическим языкам (греческий, латинский, еврейский и арамейский) в Итон-Колледже и Кембриджском университете в Англии, а позднее в Еврейском Университете в Израиле. Будучи студентом, он был философом и убежденным атеистом. Он являлся действительным членом Научного общества древней и современной философии в Кингз-Колледже в Кембридже.

В начале Второй Мировой войны, находясь на службе в медицинском подразделении Королевской армии Великобритании, Дерек пережил сверхъестественную встречу с Иисусом Христом, которая изменила всю его жизнь. Вот что он свидетельствовал об этом:

«В результате этой встречи я сделал два вывода на всю свою оставшуюся жизнь: во-первых, что Иисус Христос жив; во-вторых, что Библия является истинной, важной и современной книгой. Эти два вывода коренным образом и навсегда изменили всю мою жизнь».

С тех пор Дерек Принс посвятил свою жизнь практическому исследованию Библии. Его всегда будут помнить за вклад в назидание Церкви и учение об освобождении от проклятия, месте Израиля в

Божьем плане, основах учения Христова, освобождении от бесов, силе провозглашения, посте и молитве, событиях в конце времен в свете Писаний.

Основной дар Дерека Принса — толкование Библии ясным и простым образом. Неденоминационный, несектантский подход к истинам Писания сделал его учение доступным для людей разных национальностей и религиозных взглядов.

Его ежедневные радиопередачи «Ключи к успешной жизни» достигают шести континентов и звучат на арабском, китайском, малайском, монгольском, русском, испанском и других языках и наречиях.

Он является автором более 40-ка книг, более 450-ти аудио- и 150-ти видеокассет для обучения, многие из которых были переведены и изданы на более чем 60-ти языках.

Миллионы верующих по всей земле считают Дерека Принса своим наставником и отцом в вере.

Дерек Принс

ЧТО ТАКОЕ ПОСТ

КАК ПРАВИЛЬНО ПОСТИТЬСЯ

Подписано в печать 03.12.2010г. Формат 84х108^1/$_{32}$
Печать офсетная. Тираж 10 000 экз.
Заказ № 2888 (10173А)

Отпечатано в типографии "Принткорп",
ЛП № 02330/04941420от 03.04.02009.
Ул. Ф.Скорины 40, Минск, 220141. Беларусь.

.